Marqués de Santillana

Sonetos

Barcelona 2024
Linkgua-ediciones.com

Créditos

Título original: Sonetos.

© 2024, Red ediciones S.L.

e-mail: info@linkgua.com

Diseño de la colección: Michel Mallard.

ISBN rústica ilustrada: 978-84-9007-447-3.
ISBN tapa dura: 978-84-1126-722-9.
ISBN ebook: 978-84-9953-456-5.

Sumario

Brevísima presentación

9

La vida

Íñigo López de Mendoza, el Marqués de Santillana (1398-1458), con sus cuarenta y dos Sonetos fechos al itálico modo, es el primero en adaptar el soneto a la lengua castellana. Sus sonetos suelen tener rima alterna en los cuartetos (ABAB-ABAB), y en los tercetos siguen el esquema CDC-CDC, o, a veces, CDE-CDE. Los hay de distinto contenido: amor cortés, político, religioso, y otros.

I

[En este primer soneto quiere mostrar el actor que cuando los cuerpos superiores, que son las estrellas, se acuerdan con la natura, que son las cosas bajas, fasen la cosa muy más limpia e muy más neta]

Abajo Cuando yo veo la gentil criatura
qu'el cielo, acorde con naturaleza
formaron, loo mi buena ventura,
el punto e hora que tanta belleza

me demostraron, e su fermosura,　　　　5
ca sola de loor es la pureza;
mas luego torno con igual tristura
e plango e quéjome de su crueza.

Ca non fue tanta la del mal Tereo,
nin fizo la de Aquila e de Potino,　　　　10
falsos ministros de ti, Ptolomeo.

Así que lloro mi servicio indigno
e la mi loca fiebre, pues que veo
e me fallo cansado e peregrino.

II

[En este segundo soneto el actor fabla como en nombre de
la señora reina de Castilla, la cual, por cuanto, cuando el
infante don Pedro murió, el cual era su hermano, el señor
rey su marido non estaba bien con sus primos, conviene a
saber, el rey de Aragón, el rey de Navarra, los infantes sus
hermanos, non embargante la triste nueva de la muerte del
ya dicho señor infante don Pedro le llegase, non osaba así
mostrar enojo por non desplacer al señor rey, su marido. E
aquí toca ella una estoria antigua de nuestro reino, convie-
ne a saber, del rey don Sancho que murió sobre Zamora, e
doña Urraca Fernández, la cual, por cuanto es muy común
a todas gentes, mayormente a los reinos comarcanos, déjolo
de tocar]

Lloró la hermana, maguer que enemiga
al rey don Sancho, e con grand sentido
procedió presto contra el mal Vellido,
servando en acto la fraternal liga.

¡O dulce hermano!, pues yo, que tanto amiga
  5
jamás te fue, ¿cómo podré celar
de te llorar, plañir e lamentar,
por bien qu'el seso contraste e desdiga?

¡O real casa, tanto perseguida
de la mala fortuna e molestada!   10
Non pienso Juno que más encendida

fue contra Tebas, nin tanto indignada.

¡Antropos!, muerte me place e non vida,
si tal ventura ya non es cansada.

III

[En este tercero soneto el actor muestra como en un día de
una fiesta vio a su señora así en punto e tan bien guarnida
que de todo punto le refrescó la primera ferida de amor]

Cual se mostraba la gentil Lavina
en los honrados templos de Laurencia,
cuando solempnizaban a Heritina
las gentes d'ella, con toda femencia;

e cual paresce flor de clavellina   5
en los frescos jardines de Florencia,
vieron mis ojos en forma divina
la vuestra imagen e diva presencia,

cuando la llaga o mortal ferida
llagó mi pecho con dardo amoroso,   10
la cual me mata en prompto e da vida,

me face ledo, contento e quejoso.
Alegre paso la pena indebida,
ardiendo en fuego me fallo en reposo.

IV

[En este cuarto soneto el actor muestra e da a entender como él
es sitiado de amor por tal manera e con tantos pertrechos que
él non sabe qué faga de sí; e muestra asimismo que, pues David
ni Hércoles non se podieron defensar así por sciencia como por
armas, que non es posible a él de lo faser]

    Sitio de amor con grand artillería
me veo en torno e poder inmenso,
e jamás cesan de noche e de día,
nin el ánimo mío está suspenso

    de sus combates con tanta porfía   5
que ya me sobra, maguer me defenso.
Pues, ¿qué farás?, ¡o triste vida mía!,
ca non lo alcanzo por mucho que pienso.

    La corpórea fuerza de Sansón,
nin de David el grand amor divino,   10
el seso nin saber de Salamón,

    nin Hércules se falla tanto digno
que resistir podiesen tal prisión;
así que a defensar me fallo indigno.

V

[En este quinto soneto el actor fabla en nombre del infante
don Enrique e muestra como se queja por la muerte de la
señora infante su mujer, e dise que non solamente al cielo e
perdurable gloria la quisiera conseguir, donde él se cuida e
ha por dicho ella iba, según la vida e obras suyas, mas aún al
infierno e maligno centro, si por ventura dado le fuese ferirse
él mesmo e darse a la muerte por golpe de fierro o en otra
cualquiera manera]

Non solamente al templo divino,
donde yo creo seas receptada
segund tu ánimo santo benigno,
preclara infante, mujer mucho amada,

mas al abismo o centro maligno 5
te seguiría, si fuese otorgada
a caballero por golpe ferrino
cortar la tela por Cloto filada.

Así non lloren tu muerte, maguer sea
en edad nueva e tiempo triunfante, 10
mas la mi triste vida que desea

ir donde fueres, como fiel amante,
e conseguirte, dulce mía idea,
e mi dolor acerbo e incesante.

VI

[En este sesto soneto el actor dise que el agua fase señal en la piedra, e ha visto paces después de grand guerra, e que el bien ni el mal non duran; mas que su trabajo nunca cesa. E dise asimesmo que si su señora le quiere desir que ella non le ha culpa en el trabajo que pasa, ¿qué fará él a la ordenanza de arriba, conviene a saber, de los fados, a los cuales ninguno de los mortales non puede faser resistencia ni contradesir?]

El agua blanda en la peña dura
face por curso de tiempo señal,
e la rueda rodante la ventura
trasmuda o troca del geno humanal.

Paces he visto aprés de grand rotura,   5
atarde tura el bien nin fac'el mal;
mas la mi pena jamás ha folgura
nin punto cesa mi langor mortal.

Por ventura dirás, ídola mía,
que a ti non place del mi perdimiento,   10
antes repruebas mi loca porfía.

Di, ¿qué faremos al ordenamiento
de Amor, que priva toda señoría,
e rige e manda nuestro entendimiento?

VII

[En este sétimo soneto el actor muestra como él non había osar de mostrar a su señora el amor que le había, ni la lengua suya era despierta a se lo desir; por tanto se lo escribía, segund que Fedra fiso a Hipólito, su amado, segund que Ovidio lo muestra en el «Libro de las Epístolas»]

> Fedra dio regla e manda qu'en amor,
> cuando la lengua non se falla osada
> a demostrar la pena o la dolor
> que en el ánimo aflicto es emplentada;
>
> la pluma escriba e muestre el ardor   5
> que dirruye la mente fatigada;
> pues osa, mano mía, e sin temor
> te faz ser vista fiel enamorada;
>
> e non te pienses que tanta belleza
> e sincera claror cuasi divina   10
> contenga en sí la feroce crüeza,
>
> nin la nefanda soberbia maligna;
> pues vaya lejos inútil pereza
> e non se tema de imagen benigna.

VIII

[En este octavo soneto muestra el actor en como, non embargante su señora o amiga lo hobiese ferido e cativado, que a él non pesaba de la tal presión]

¡O dulce esguarde, vida e honor mía,
segunda Elena, templo de beldad,
so cuya mano, mando e señoría
es el arbitrio mío e voluntad!

Yo soy tu prisionero, e sin porfía
fueste señora de mi libertad;
e non te pienses fuiga tu valía
nin me desplega tal captividad.

Verdad sea que Amor gasta e dirruye
las mis entrañas con fuego amoroso,
e la mi pena jamás diminuye;

nin punto fuelgo nin soy en reposo,
mas vivo alegre con quien me destruye;
siento que muero e non soy quejoso.

IX

[En este noveno soneto el actor muestra como en un día de grand fiesta vio a la señora suya en cabello; dise ser los cabellos suyos muy rubios e de la color de la tupaza, que es una piedra que ha la color como de oro. Allí do dise «filos de Arabia» muestra asimismo que eran tales como filos de oro, por cuanto en Arabia nasce el oro. Dise asimismo que los premía un verdor plasiente e flores de jazmines; quiso desir que la crespina suya era de seda verde e de perlas]

Non es el rayo de Febo luciente,
nin los filos de Arabia más fermosos
que los vuestros cabellos luminosos,
nin gema de topaza tan fulgente.

Eran ligados de un verdor placiente   5
e flores de jazmín que los ornaba,
e su perfecta belleza mostraba
cual viva flama o estrella d'Oriente.

Loó mi lengua, maguer sea indigna,
aquel buen punto que primero vi   10
la vuestra imagen e forma divina,

tal como perla e claro rubí,
e vuestra vista társica e benigna,
a cuyo esguarde e merced me di.

X

[En este décimo soneto el actor, enojado de la tardanza que
los de la parte suya fasían de cometer a la otra en estos delic-
tos de Castilla, dise que fiera Castino con la lanza aguda en
la otra parte porque mueva las gentes a batalla. E este Casti-
no fue aquel que primeramente firió en las gentes de Pompeo,
ca era de la parte del César en la batalla de Umacia]

Fiera Castino con aguda lanza
la temerosa gente pompeana;
el cometiente las más veces gana,
al victorioso nuce la tardanza.

Razón nos mueve, e cierta esperanza   5
es el alferce de nuestra bandera,
e justicia patrona e delantera,
e nos conduce con grand ordenanza.

Recuérdevos la vida que vivides,
la cual yo llamo imagen de la muerte,   10
e tantas menguas séanvos delante;

pensad las causas por qué las sofrides,
ca en vuestra espada es la buena suerte
e los honores del carro triunfante.

XI

[En este onseno soneto el actor se queja de su mesma lengua,
e inquiétala e redargúyela, por cuanto a ella plase qu'él mue-
ra así callando; e dise non le paresce sea grand sciencia lo tal]

Despertad con aflato doloroso,
tristes sospiros, la pesada lengua;
mío es el daño e vuestra la mengua
que yo así viva jamás congojoso.

¿Por ventura será que habré reposo 5
cuando recontares mis vejaciones
aquella a quien sus crüeles prisiones
ligan mis fuerzas con perno amoroso?

¿Quieres que muera o viva languiendo,
e sea oculta mi grave dolencia, 10
la cual me gasta e va dirruyendo,

e sus langores non han resistencia?
¿De qué temedes?, ca yo non entiendo
morir callando sea grand sciencia.

XII

[En este duodécimo soneto el actor muestra como la señora
suya es así gentil e fermosa que debe ser cimera e timble de
amor, e que non es menos cuerda e diestra]

Timbre de amor, con el cual combate,
cativa e prende toda gente humana;
del ánimo gentil derrero mate,
e de las más fermosas soberana.

De la famosa rueda tan cercana   5
non fue por su belleza Virginea,
nin fizo Dido, nin Dampne Penea,
de quien Ovidio grand loor esplana.

Templo emicante donde la cordura
es adorada, e honesta destreza,   10
silla e reposo de la fermosura,

coro placiente do virtud se reza;
válgame, deesa, tu mesura,
e non me judgues contra gentileza.

XIII

Soneto al Rey de Aragón

[En este tresésimo soneto el actor llora e plañe por cuanto se
cuida que segund los grandes fechos e gloriosa fama del rey
de Aragón non hay hoy poeta alguno estorial ni orador que
d'ellos fable]

Calla la pluma e luce la espada
en vuestra mano, rey muy virtüoso;
vuestra excelencia non es memorada
e Calíope fuelga e ha reposo.

Yo plango e lloro non ser comendada   5
vuestra eminencia e nombre famoso,
e redarguyo la mente pesada
de los vivientes, non poco enojoso;

porque non cantan los vuestros loores
e fortaleza de memoria digna,   10
a quien se humilian los grandes señores,

a quien la Italia soberbia se inclina.
Dejen el carro los emperadores
a la vuestra virtud cuasi divina.

XIV

[En este catorcésimo soneto el actor muestra que, cuando él
es delante aquella su señora, le paresce que es en el monte Ta-
bor, en el cual Nuestro Señor aparesció a los tres discípulos
suyos; e por cuanto la estoria es muy vulgar, non curo de la
escribir]

Cuando yo soy delante aquella dona,
a cuyo mando me sojudgó Amor,
cuido ser uno de los que en Tabor
vieron la grand claror que se razona,

o que ella sea fija de Latona,   5
segund su aspecto o grand resplandor;
así que punto yo non he vigor
de mirar fijo su deal persona.

El su fablar grato, dulce, amoroso,
es una maravilla ciertamente,   10
e modo nuevo en humanidad;

el andar suyo es con tal reposo,
honesto e manso su continente,
ca, libre, vivo en cativulad.

XV

[En este quinsésimo soneto el actor se queja de la tardanza
que la parte suya fasía en los debates de Castilla, e muestra
asimesmo como se deben guardar de los engaños, tocando
como por enxemplo d'esto una estoria de Virgilio]

El tiempo es vuestro e si d'él usades
como conviene, non se fará poco;
non llamo sabio, mas a mi ver loco,
quien lo impediere; ca si lo mirades,

los picos andan, pues si non velades,   5
la tierra es muelle e la entrada presta.
Sentir la mina, ¿qué pro tiene o presta,
nin ver el daño, si non reparades?

Ca si bien miro, yo veo a Sinón,
magra la cara, desnudo e fambriento,   10
e noto el modo de su narración,

e veo a Ulixes, varón fraudulento;
pues oíd e creed a Lichaón,
ca chica cifra desface grand cuento.

XVI

[En este diez e seseno soneto el actor fabla quejándose del
trabajo que a un amigo suyo por amor le veía pasar, e consé-
jale los remedios que en tal caso le parescen se deban tomar]

Amor, debdo e voluntad buena
doler me facen de vuestra dolor,
e non poco me pena vuestra pena,
e me tormenta la vuestra langor.

Cierto bien siento que non fue terrena   5
aquella flama nin la su furor
que vos inflama e vos encadena,
ínfima cárcel, mas celeste amor.

Pues, ¿qué diré? Remedio es olvidar;
mas ánimo gentil atarde olvida,   10
e yo conosco ser bueno apartar.

Pero deseo consume la vida;
así diría, sirviendo, esperar
ser cualque alivio de la tal ferida.

XVII

[En este diez e sétimo soneto el actor se queja de algunos que
en estos fechos de Castilla fablaban mucho e fasían poco,
como en muchas partes contesce; e toca aquí de algunos ro-
manos, nobles hombres que fisieron grandes fechos, e mues-
tra que non los fasían solamente con palabras]

Non en palabras los ánimos gentiles,
non en menaças ni'n semblantes fieros
se muestran altos, fuertes e viriles,
bravos, audaces, duros, temederos.

Sean los actos non punto civiles, 5
mas virtüosos e de caballeros,
e dejemos las armas femeniles,
abominables a todos guerreros.

Si los Scipiones e Decios lidiaron
por el bien de la patria, ciertamente 10
non es en dubda, maguer que callaron,

o si Metelo se mostró valiente;
pues loaremos los que bien obraron
e dejaremos el fablar nuciente.

XVIII

[Otro soneto qu'el Marqués fizo quejándose de los daños
d'este regno]

Oíd, ¿qué diré de ti, triste hemisferio?,
¡o patria mía!, ca veo del todo
ir todas cosas ultra el recto modo,
donde se espera inmenso lacerio.

Tu gloria e laude tornó vituperio   5
e la tu clara fama en escureza.
Por cierto, España, muerta es tu nobleza,
e tus loores tornados hacerio.

¿Dó es la fe? ¿Dó es la caridad?
¿Dó la esperanza? Ca por cierto ausentes   10
son de las tus regiones e partidas.

¿Dó es justicia, temperanza, egualdad,
prudencia e fortaleza? ¿Son presentes?
Por cierto non, que lejos son füidas.

XIX

Lejos de vos e cerca de cuidado,
pobre de gozo e rico de tristeza,
fallido de reposo e abastado
de mortal pena, congoja e braveza;

desnudo de esperanza e abrigado   5
de inmensa cuita, e visto aspereza.
La mi vida me fuye, mal mi grado,
e muerte me persigue sin pereza.

Nin son bastantes a satisfacer
la sed ardiente de mi grand deseo   10
Tajo al presente, nin me socorrer

la enferma Guadiana, nin lo creo;
solo Guadalquivir tiene poder
de me guarir e solo aquel deseo.

XX

Doradas ondas del famoso río
que baña en torno la noble cibdad,
do es aquella, cuyo más que mío
soy e posee la mi voluntad;

pues qu'en el vuestro lago e poderío   5
es la mi barca veloce, cuitad
con todas fuerzas e curso radío
e presentadme a la su beldad.

Non vos impida dubda nin temor
de daño mío, ca yo non lo espero;   10
y si viniere, venga toda suerte,

e si muriere, muera por su amor.
Murió Leandro en el mar por Hero,
partido es dulce al aflicto muerte.

XXI

En el próspero tiempo las serenas
plañen e lloran recelando el mal;
en el adverso, ledas cantilenas
cantan e atienden el buen temporal.

Mas, ¿qué será de mí, que las mis penas,   5
cuitas, trabajos e langor mortal
jamás alternan nin son punto ajenas,
sea destino o curso fatal?

Mas emprentadas el ánimo mío
las tiene, como piedra la figura,   10
fijas, estables, sin algún reposo.

El cuerdo acuerda, mas non el sandío;
la muerte veo e non me dó cura,
tal es la llaga del dardo amoroso.

XXII

[Otro soneto del Marqués amonestando a los hombres a bien
vivir]

> Non es a nos de limitar el año,
> el mes, nin la semana, nin el día,
> la hora, el punto; sea tal engaño
> lejos de nos e fuiga toda vía.
>
> Cuando menos dubdamos nuestro daño,   5
> la grand bailesa de nuestra bailía
> corta la tela del humanal paño;
> non suenan trompas nin nos desafía.
>
> Pues non sirvamos a quien non debemos,
> nin es servida con mil servidores;   10
> naturaleza, si bien lo entendemos,
>
> de poco es farta nin procura honores.
> Jove se sirva e a Ceres dejemos,
> nin piense alguno servir dos señores.

XXIII

5

Traen los cazadores al marfil
a padescer la muerte enamorado,
con vulto e con aspecto feminil,
claro e fermoso, compuesto e ornado.

Pues si el ingenio humano es más sotil
que otro alguno, ¿seré yo culpado
si moriré por vos, dona gentil,
non digo a fortiori, mas de grado?

Serán algunos, si me culparán,
que nunca vieron la vuestra figura,
angélico viso e forma excelente;

nin sintieron amor nin amarán,
nin los poderes de la fermosura
e mando universal en toda gente.

XXIV

57

Si el pelo por ventura voy trocando
non el ánimo mío, nin se crea;
nin puede ser, nin será fasta cuando
integralmente muerte me posea.

Yo me vos di e, non punto dudando,   5
vos me prendistes e soy vuestra prea;
absoluto es a mí vuestro grand mando
cuando vos veo o que non vos vea.

Bien merecedes vos ser mucho amada;
mas yo non penas, por vos ser leal,   10
cuantas padesco desde la jornada

que me feristes de golpe mortal.
Sed el oliva, pues fuestes la espada;
sed el bien mío, pues fuestes mi mal.

XXV

Alégrome de ver aquella tierra,
non menos la cibdad e la morada,
sean planicies o campos o sierra,
donde vos vi yo la primer jornada.

Mas luego vuelvo e aquesto m'atierra   5
pensando cuánto es infortunada
mi triste vida, porque la mi guerra
non fue de paso, mas es de morada.

¿Fue visto bello o lid tan mortal
do non se viesen paces o sufrencia,   10
nin adversario tanto capital

que non fuese pungido de conciencia,
sinon vos sola sin par nin egual,
do yo non fallo punto de clemencia?

XXVI

Non de otra guisa el índico serpiente
teme la encantación de los egipcios
que vos temedes, señora excelente,
cualquiera relación de mis servicios.

Porque sabedes, presente o absente,   5
mis pensamientos e mis ejercicios
son loarvos e amarvos solamente,
pospuesta cura de todos oficios.

Oídme agora, después condenadme,
si non me fallardes más leal   10
que los leales; e si tal, sacadme

de tan grand pena e sentid mi mal.
E si denegades, acabadme:
peor es guerra que non lid campal.

XXVII

63

Cuentan que esforzaba Timoteo
a los estrenuos e magnos varones,
e los movía con viril deseo,
con agros sones e fieras canciones

a la batalla; e del mesmo leo   5
los retornaba con modulaciones
e dulce carmen d'aquel tal meneo,
e reposaba los sus corazones.

Así el ánimo mío se altivece,
se jacta e loa porque vos amó,   10
cuando yo veo tanta fermosura.

Mas luego prompto e presto s'entristece
e se maldice porque lo asayó,
vista vuestra crüeza cuanto dura.

XXVIII

Si la vida viviese de Noé
e si de la vejez todas señales
concurriesen en mí, non cesaré
de vos servir, leal más que leales.

Ca partirme de vos o de la fe,   5
ambas dos cosas judgo ser iguales;
por vuestro vivo, por vuestro morré,
vuestro soy todo e míos son mis males.

La saturnina pereza acabado
habría su curso tardinoso,   10
o las dos partes de la su jornada,

desque vos amo; e si soy amado,
vos lo sabedes, después el reposo
de mi triste yacija congojada.

XXIX

Buscan los enfermos santüarios
con grand deseo e sedienta cura
por luengas vías e caminos varios,
temiendo el manto de la sepoltura.

¿Son, si pensades, menores contrarios   5
los venéreos fuegos sin mensura,
nin los mis males menos adversarios
que la tisera d'Antropos escura?

Pues, ¿quién podría o puede quietar
mis graves cuitas, mis penas, mis males,   10
sean por partes o siquiera en gros?

Nin Esculapio podría curar
los mis langores, tantos son e tales,
nin otro alguno, sinon Dios e vos.

XXX

[Otro soneto qu'el Marqués fizo al señor rey don Juan]

Venció Aníbal al conflicto de Canas
e non dubdaba Livio, si quisiera,
qu'en pocos días o pocas semanas
a Roma con Italia poseyera.

Por cierto al universo la manera   5
plugo, e se goza en grand cantidad
de vuestra tan bien fecha libertad
onde la Astrea dominar espera.

La gracïa leemos sea dada
a muchos, e a pocos la perseveranza,   10
pues de los raros sed vos, rey prudente;

e non vos canse tan viril jornada,
mas conseguidla toliendo tardanza
cuanto es loable, bueno e diligente.

XXXI

[Otro soneto qu'el Marqués fizo amonestando a los grandes
príncipes a tornar sobre el daño de Constantinopla]

Forzó la fortaleza de Golías
con los tres nombres juntos con el nombre
del que se quiso por nos facer hombre
e de infinito mortal e Mexías,

el pastor, cuyo carmen todos días
la sancta Esposa non cesa cantando,
e durará tan lejos fasta cuando
será victoria a Enoc e a Elías.

Pues vos, los reyes, los emperadores,
cuantos el santo crisma rescebistes,
¿sentides, por ventura, los clamores

que de Bisancio por letras oístes?
Enxiemplo sean a tantos señores
las gestas de Sión, si las leístes.

XXXII

[Otro soneto qu'el Marqués fizo en loor de la ciudad de Sevilla cuando él fue a ella en el año de cincuenta e cinco]

Roma en el mundo e vos en España
sois solas cibdades cïertamente,
fermosa Hispalis, sola por fazaña,
corona de Bética excelente.

Noble por edificios, non me engaña   5
vana aparencia, mas judgo patente
vuestra grand fama aún non ser tamaña
cuan loable sois a quien lo sïente.

En vos concurre venerable clero,
sacras reliquias, sanctas religiones,   10
el brazo militante caballero,

claras estirpes, diversas nasciones,
fustas sin cuento; Hércules primero,
Hispán e Julio son vuestros patrones.

XXXIII

[Otro soneto qu'el Marqués fizo al señor rey don Enrique, reinante]

Porqu'el largo vivir nos es negado,
ínclito rey, tales obras faced
que vuestro nombre sea memorado;
amad la fama e aquella temed.

Con vulto alegre, manso e reposado   5
oíd a todos, librad e proved;
faced que hayades las gentes en grado,
ca ninguno domina sin merced.

Como quiera que sea, comendemos
estos dos actos vuestros por derecho,   10
pues qu'el principio es cierto e sabemos

en todas cosas ser lo más del fecho;
e refiriendo gracias vos amemos,
qu'es a los reyes glorïoso pecho.

XXXIV

Soneto a sancta Clara

[Otro soneto qu'el Marqués fizo en loor de Santa Clara, virgen]

> Clara por nombre, por obra e virtud
> Luna de Asís, fija d'Ortulana,
> de santas donas enxiemplo e salud,
> entre las veudas una e soberana;
>
> principio de alto bien, e juventud   5
> perseverante, e fuente do mana
> pobreza humilde, e closo alamud,
> del seráfico Sol muy digna hermana.
>
> Tú, virgen, triunfas del triunfo triunfante
> e glorïoso premio de la palma;   10
> así non yerra quien de ti se ampara
>
> e te cuenta del cuento dominante
> de los santos, ¡o santa sacra e alma!
> Pues ora pro me, beata Clara.

XXXV

[Otro soneto qu'el Marqués fizo en loor de Sant Miguel Arcángel a suplicación de la vizcondesa de Torija, doña Isabel de Borbón]

Del celestial ejército patrón
e del segundo coro más precioso,
de los ángeles malos damnación,
Miguel Arcángel, duque glorïoso;

muy digno alférez del sacro pendón,   5
invencible cruzado victorioso,
tú debellaste al crüel dragón
en virtud del excelso poderoso.

Por todos estos premios te honoramos
e veneramos, príncipe excelente,   10
e por ellos mesmos te rogamos

que ruegues al Señor Omnipotente
nos dignifique, porque poseamos
la gloria a todas glorias precedente.

XXXVI

[Otro soneto qu'el Marqués fizo en loor de Nuestra Señora]

Virginal templo do el Verbo divino
vistió la forma de humanal librea,
a quien anhela todo amor benigno,
a quien contempla como a santa idea,

si de fablar de ti yo non soy digno,   5
la gracia del tu fijo me provea;
indocto soy e laso peregrino,
pero mi lengua loarte desea.

¿Fablaron, por ventura, Joán e Joán,
Jacobo, Pedro tan grand teología,   10
nin el asna podiera de Balán,

sin gracia suya, fablar, nin sabía?
Pues el que puede, fable sin afán
tus alabanzas en la lengua mía.

XXXVII

Adivinativos fueron los varones
de Galilea, cuando los dejó
nuestro Maestro, mas sus corazones
non se turbaron punto más que yo.

Por mí sabidas vuestras estaciones,   5
vuestro camino, el cual me mató;
e así non cansan las mis afliciones,
aunque si vuestro era, vuestro só.

Faced agora como comedida,
non me matedes, mostradvos piadosa; 10
faced agora como fizo Dios

e consoladme con vuestra venida;
cierto faredes obra virtüosa,
si me valedes con vuestro socós.

XXXVIII

[Otro soneto qu'el Marqués fizo en loor de Sant Cristóbal]

Leño felice qu'el grant poderío
que todo el mundo no pudo ayubar,
en cuyo pomo iba el señorío
de cielos, tierras, arenas e mar:

sin altercaciones e sin desvío,   5
mas leda e gratamente sin dubdar,
en el tu cuello le pasaste el río,
que non sin causa se debió negar.

Jayán entre los santos, admirable
por fuerza insigne e grant estatura,   10
de quien yo fago comemoración,

faz, por tus ruegos, por el espantable
paso yo pase en nave segura,
libre del golfo de la damnación.

XXXIX

[Otro soneto qu'el Marqués fizo a Sant Bernaldino, fraire de
los menores]

Ánima devota, que en el signo
e santo nombre estás contemplando,
e los sus rayos con viso aquilino
solares miras fijo, non vagando,

serás perfecto e discípulo digno   5
del pobre seráfico; güardando
el orden suyo ganaste el devino
lugar eterno, do vivís triunfando.

Ningunas dignidades corrompieron
el fuerte muro de tu santidad;   10
sábenlo Siena, Ferrara e Orbino.

Nin las sus ricas mitras comovieron
las tus inopias, nin tu pobredad;
por mí te ruego ruegues, Bernaldino.

XL

[Otro soneto qu'el marqués fizo a Sant Andrés]

Si ánima alguna tú sacas de pena
por el festival don, es hoy la mía,
pescador santo, uno de la cena
de la devinal mesa e compañía.

Tú convertiste la flama egehena,
en la cual grandes tiempos ha que ardía,
en mansa calma, tranquila e serena,
e mi grave langor en alegría.

Pues me traíste, Señor, donde vea
aquella que en niñez me conquistó,
a quien adoro, sirvo e me guerrea,

e las mis fuerzas del todo sobró;
a quien deseo e non me desea,
a quien me mata, aunque suyo só.

XLI

[Otro soneto qu'el Marqués fizo a Sant Vicente, de la Orden de los Predicadores]

De sí mesma comienza la ordenada
caridad, e así vos, tercio Calixto,
aquella santidad bien meritada
por fray Vicente, discíplo de Cristo,

quesistes que fuese confirmada   5
por consistorio, segunt vos fue visto.
Gozose España con esta jornada,
que a Dios fue grato e al mundo bienquisto.

Mas imploramos a vuestra clemencia,
si serán dignas nuestras santas preces,   10
non se recusen; mas dadnos segundo

canonizado por vulgar sentencia,
al confesor insigne Villacreces;
muy glorïosa fue su vida al mundo.

XLII

[Otro soneto qu'el Marqués fizo de suplicación al Ángel Guardador]

Arriba De la superna corte curïal
e sacro socio de la jerarquía,
que de la diva morada eternal
fuste enviado por custodia mía,

gracias te fago, mi Guarda especial,   5
ca me guardaste fasta en este día
de las insidias del universal
nuestro adversario, e fuste mi guía.

E así te ruego, Ángel, hayas cura
del curso de mi vida e breviedad,   10
e con diligencïa te apresura,

ca mucho es débil mi fragilidad;
honesta vida e muerte me procura,
e al fin con los justos santidad.

Libros a la carta

A la carta es un servicio especializado para
empresas,
librerías,
bibliotecas,
editoriales
y centros de enseñanza;
y permite confeccionar libros que, por su formato y concepción, sirven a los propósitos más específicos de estas instituciones.

Las empresas nos encargan ediciones personalizadas para marketing editorial o para regalos institucionales. Y los interesados solicitan, a título personal, ediciones antiguas, o no disponibles en el mercado; y las acompañan con notas y comentarios críticos.

Las ediciones tienen como apoyo un libro de estilo con todo tipo de referencias sobre los criterios de tratamiento tipográfico aplicados a nuestros libros que puede ser consultado en Linkgua-ediciones.com.

Linkgua edita por encargo diferentes versiones de una misma obra con distintos tratamientos ortotipográficos (actualizaciones de carácter divulgativo de un clásico, o versiones estrictamente fieles a la edición original de referencia).

Este servicio de ediciones a la carta le permitirá, si usted se dedica a la enseñanza, tener una forma de hacer pública su interpretación de un texto y, sobre una versión digitalizada «base», usted podrá introducir interpretaciones del texto fuente. Es un tópico que los profesores denuncien en clase los desmanes de una edición, o vayan comentando errores de interpretación de un texto y esta es una solución útil a esa necesidad del mundo académico.

Asimismo publicamos de manera sistemática, en un mismo catálogo, tesis doctorales y actas de congresos académicos, que son distribuidas a través de nuestra Web.

El servicio de «libros a la carta» funciona de dos formas.

1. Tenemos un fondo de libros digitalizados que usted puede personalizar en tiradas de al menos cinco ejemplares. Estas personalizaciones pueden ser de todo tipo: añadir notas de clase para uso de un grupo de estudiantes, introducir logos corporativos para uso con fines de marketing empresarial, etc. etc.

2. Buscamos libros descatalogados de otras editoriales y los reeditamos en tiradas cortas a petición de un cliente.